Eva Danner & Beate Vogel

Mein allererstes Farbenbuch

Drucken, Stempeln, Klecksen

christophorus

Inhalt

Welt der Farben

Farben sind ein wichtiger Bestandteil unseres Lebens. Schon kleine Kinder haben große Freude daran, mit Farben zu experimentieren und kreativ zu sein. Damit die Kleinen ihrer Fantasie freien Lauf lassen und ihr vorhandenes Potenzial entfalten können, brauchen sie eine vorbereitete Umgebung: Frei zugängliche Materialien und eine vielfältige Auswahl an Farben laden zum selbstständigen Experimentieren und Ausprobieren ein.

Die „Welt der Farben" spricht Kinder jeden Alters an. Wenn kunterbunte Farbmuster entstehen, wunderschöne Farbverläufe erzielt werden oder mit dem Pinsel, den Händen oder anderen Gegenständen gearbeitet werden kann, blühen die Kinder auf. Es entstehen ständig neue Farbschattierungen und Muster, die dazu anregen, immer wieder (selbst) kreativ zu werden. Die Kleinen setzen sich aktiv mit ihrer Umwelt auseinander und erproben sich und ihre Fähigkeiten.

Deshalb haben wir in diesem Buch großen Wert darauf gelegt, vielfältige Anregungen mit unterschiedlichen Farben und Techniken zu geben, die die Kleinen größtenteils selbstständig ausführen können. Selbstverständlich bedarf es auch immer der Unterstützung von Erwachsenen, die die Kinder begleiten und ihnen Hilfestellung geben.

Bei der Auswahl der Angebote haben wir auf Folgendes großen Wert gelegt:
• einfache Schritt-für-Schritt-Anleitungen mit Fotos,
• kurze Vorbereitungszeit,
• schnelle Erfolgserlebnisse für die Kinder,
• Einsatz vielfältiger Techniken,
• farbenfrohe, individuelle Ergebnisse,
• Themenorientierung an der Lebenswelt der Kinder,
• geringe Materialkosten.

Alle Kreativideen wurden bereits mehrfach in der Praxis erprobt und sind auf die Bedürfnisse von Kindern ab 2 Jahren abgestimmt. Doch auch größere Kinder werden viel Spaß an der Umsetzung der einzelnen Vorschläge haben.

Viel Spaß und Freude beim Ausprobieren wünschen
Eva Danner und Beate Vogel

5

Material & Technik

Papier

Kinder unter 3 Jahren können am besten Tonpapier mit der Bastelschere schneiden. Tonpapier gibt es in vielen leuchtenden Farben im Hobbyfachhandel. Festeres Papier, z. B. Fotokarton, eignet sich für die Kleinen noch nicht so gut.

Teefiltertüten

Für manche Bastelarbeiten werden Teefilter-tüten (Größe 2) verwendet. Teefilter eignen sich hervorragend, um tolle Farbverläufe zu erzielen: Hierfür zunächst mit Filzstiften Punkte auf die Teefilter auftupfen und an-schließend in einen mit wenig Wasser gefüllten Teller legen. Die Farbpunkte verlaufen, und es entsteht ein schönes Farbbild. Zum Trocknen die Filtertüten auf einen (trockenen) Teller oder eine Folie legen. Alternativ können die betupften Filter mit einer Sprühflasche, einer Plastikspritze (ohne Nadel!) oder einer Pipette befeuchtet werden.

Kaffeefiltertüten

Für manche Bastelarbeiten werden Kaffee-filtertüten (Größe 2) verwendet. Am besten eignen sich weiße Kaffeefilter, da hier die Farbverläufe besser zur Geltung kommen. Filtertüten, die mit Wasserfarben und Pinsel bemalt werden, sollten zuerst mit etwas Wasser befeuchtet werden, ehe die bunten Farben aufgetupft werden. Auf diese Weise verteilt sich die Farbe besser und die Ver-läufe erscheinen fließender.

Pfeifenreiniger (Chenilledraht)

Für ganz kleine Kinder ist es zu schwer, die Pfeifenreiniger mit der Bastelschere zu durchtrennen. Der dafür benötigte Kraft-aufwand ist noch zu groß. Am besten über-nimmt ein Erwachsener diese Aufgabe.

Augen anfertigen

Für kleinere Kinder ist es fast unmöglich, runde Augen zu schneiden. Oft halten sie die Schere noch mit zwei Händen, was dazu führt, dass sie kleine eckige anstatt runde Formen abschneiden. Gerade die meist sehr kleinen Augen sind deshalb für die Kinder kaum zu bewältigen. Hier eignen sich weiße Papierstreifen gut. Die Kinder können schnell und einfach Stücke davon abschneiden. Ein schwarzer Locherpunkt dient als Pupille.

Körperformen

Viele Körperformen entstehen aus Rechtecken oder Quadraten, bei denen lediglich die Ecken abgeschnitten werden. Es macht nichts, wenn

der Körper dadurch eine etwas kantige Form erhält. Viel wichtiger ist es, dass die Kleinen den Körper auf diese Weise beinahe selbstständig herstellen können. Man muss oft nur das Papier für sie festhalten und/oder drehen.

Kleben

Beim Kleben benötigen die Kleinen oftmals noch Hilfe. Zum Kleben eignen sich Klebestifte, aber auch Flüssigkleber oder Klebefilm.

Fingerfarben

Fingerfarben gibt es in vielen verschiedenen Farben. Es ist aber nicht notwendig, alle Farben vorrätig zu haben. Es reicht, sich die Grundfarben Gelb, Blau, Rot, Braun, Schwarz und Weiß anzuschaffen. Die fehlenden Farben können dann ganz leicht angerührt werden:

Finger- und Handdruck

Das Bemalen von Kinderhänden sowie das (vorsichtige) Aufdrucken der Handfläche bzw. einzelner Finger auf einen Papierbogen sollte unter Anleitung und mithilfe eines Erwachsenen durchgeführt werden.

Faltklatschtechnik

Die Fingerfarbe direkt aus der Flasche auf einen Papierbogen tropfen lassen. Dies sollte von einem Erwachsenen übernommen werden, die Kinder können aber mithelfen, die Farbe aus der Flasche herauszudrücken. Die Farbe ähnlich wie auf den einzelnen Arbeitsfotos auftragen, z. B. kreisrund oder länglich. Zum Ausschneiden der entstandenen Muster benötigen die Kinder wiederum die Hilfe eines Erwachsenen.

Wattepads bemalen

Für einige Modelle in diesem Buch werden weiße Wattepads angemalt. Am besten die Farbe auf die Wattepads tupfen, das geht leichter, als die Farbe aufzumalen. Dazu Wasserfarbe mit reichlich Wasser verwenden. Als Unterlage eignen sich Plastikteller oder anderes Kunststoffgeschirr. Dies ist einfach zu reinigen und verhindert lästige Farbflecke auf dem Tisch.

Kerzenlicht

So gehts:

1. Die Teefiltertüte mit den Filzstiften betupfen, mit Wasser befeuchten und trocknen lassen.

2. Aus gelbem Tonpapier ein Rechteck, etwa 6 x 8 cm, und aus schwarzem Tonpapier einen etwa 1 cm breiten Streifen zuschneiden.

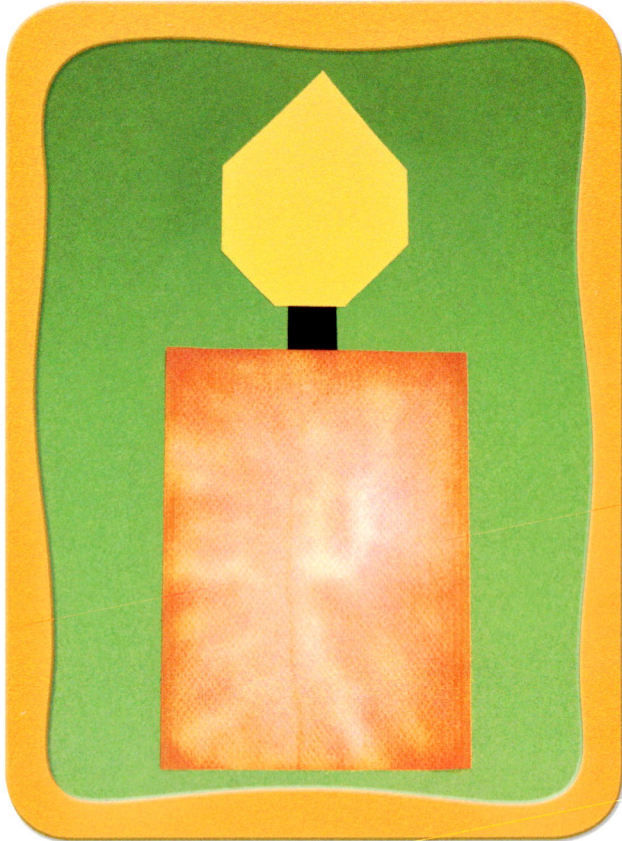

3. Vom gelben Rechteck alle vier Ecken abschneiden, auf einer schmalen Seite etwas großzügiger, damit die spitze Flamme entsteht. Vom schwarzen Papierstreifen ein Stück abschneiden und als Docht von hinten an den Teefilter kleben. Die gelbe Tonpapierflamme mit Klebstoff am Docht befestigen.

Du brauchst:
eine weiße Teefiltertüte (Größe 2), gelbes und schwarzes Tonpapier, Filzstifte in Gelb, Rot und Orange, Schere, Klebstoff

Kunterbuntes Haus

So gehts:

1. Die Teefiltertüte mit den Filzstiften betupfen, mit Wasser befeuchten und trocknen lassen.

Du brauchst:
eine weiße Teefiltertüte (Größe 2), gelbes, grünes und lilafarbenes Tonpapier, etwas Watte, Filzstifte in Grün, Blau, Pink, Schere, Klebstoff

2. Aus lilafarbenem Tonpapier ein etwa 10 cm großes Quadrat und einen etwa 1,5 cm breiten Streifen zuschneiden. Aus grünem Tonpapier einen etwa 4 cm breiten Streifen anfertigen. Aus gelbem Tonpapier ein Rechteck, etwa 3 x 7 cm, zuschneiden.

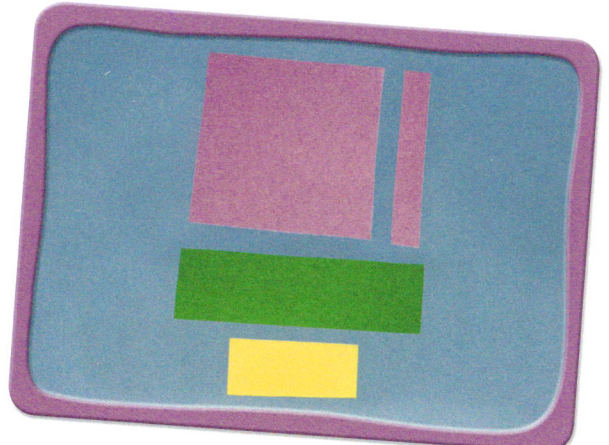

3. Das lilafarbene Quadrat diagonal durchschneiden, eine Hälfte als Dach verwenden und an der Teefiltertüte fixieren. Vom lilafarbenen Streifen ein Stück abschneiden und als Schornstein am Dach anbringen. Für die Tür ein Stück des grünen Streifens abschneiden und auf die Teefiltertüte kleben. Das gelbe Rechteck halbieren und beide Hälften als Fenster mit Klebstoff auf der Teefiltertüte befestigen.

Dampfeisenbahn

So gehts:

1. Drei Teefiltertüten jeweils mit den Filzstiften betupfen, mit Wasser befeuchten und trocknen lassen.

2. Zwei Wattepads mit schwarzer Wasserfarbe bemalen und trocknen lassen.

3. Aus blauem Tonpapier ein Rechteck, etwa 6,5 x 4 cm, und aus schwarzem Tonpapier einen etwa 1,5 cm breiten Streifen zuschneiden.

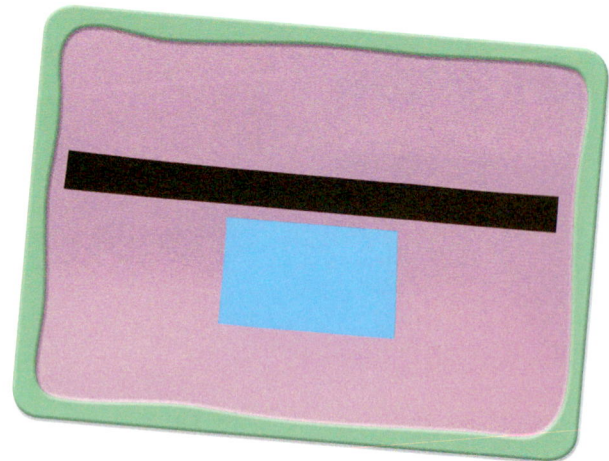

4. Das Rechteck halbieren und beide Hälften als Fenster verwenden. Vom schwarzen Streifen zwei Stücke für die Anhängerkupplung und den Schornstein abschneiden.

Du brauchst:
drei weiße Teefiltertüten (Größe 2),
blaues und schwarzes Tonpapier,
zwei Wattepads, etwas Watte,
Filzstifte in verschiedenen Farben,
schwarze Wasserfarbe, Pinsel,
Schere, Klebstoff

5. Für die Lok zwei bemalte Teefiltertüten verwenden und die Einzelteile (Schornstein, Fenster, Anhängerkupplung) mit Klebstoff anbringen.

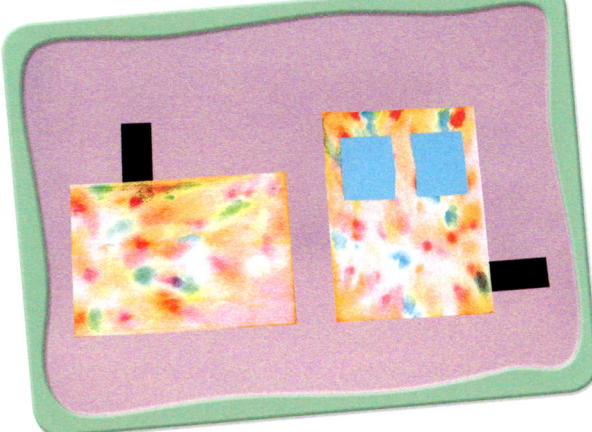

6. Die Lok zusammensetzen und die dritte bemalte Teefiltertüte an der Anhänger-kupplung als Waggon befestigen. Die schwarzen Wattepads in der Mitte durch-schneiden und die vier Hälften als Räder aufkleben. Etwas Watte als Rauch auf dem Schornstein befestigen.

Zirkusclown

So gehts:

1. Zwei Teefiltertüten mit Filzstiften betupfen, mit Wasser befeuchten und trocknen lassen.

2. Ein etwa 8 cm großes hautfarbenes Papierquadrat (Kopf) und einen etwa 1,5 cm breiten Streifen (Hals) zuschneiden. Jeweils einen weißen (Augen), roten (Nase) und schwarzen (Knöpfe) Papierstreifen, etwa 1,5 cm breit, sowie einen dunkelgrünen, etwa 1 cm breiten Streifen (Hutkrempe) anfertigen.

Für den Mund einen roten Tonpapierkreis, etwa 3 cm Ø, und für den Hut einen hellgrünen Kreis, etwa 9 cm Ø, zuschneiden.

3. Für den Kopf alle vier Ecken des hautfarbenen Quadrats rund abschneiden. Vom weißen Streifen zwei Stücke als Augen abschneiden und zwei schwarze Locherpunkte als Pupillen aufkleben. Für die Nase vom roten Papierstreifen ein Stück abschneiden. Den roten Kreis halbieren und eine Hälfte als Mund verwenden. Für die Hutkrempe ein Stück des dunkelgrünen Streifens abschneiden. Den hellgrünen Kreis in der Mitte durchschneiden und eine Hälfte als Hut verwenden. Die Einzelteile von Kopf und Hut mit Klebstoff zusammensetzen.

4. Vom schwarzen Streifen drei Stücke abschneiden und als Knöpfe auf einer bemalten Teefiltertüte anbringen. Für Arme und Beine die andere Teefiltertüte in etwa vier gleich große Stücke zerschneiden und die Einzelteile mit Klebefilm am Körper fixieren.

5. Ein Stück des hautfarbenen Streifens abschneiden und als Hals an Kopf und Körper kleben. Etwas rote Märchenwolle als Haare anbringen und den Hut darauf befestigen.

Freundliche Eule

So gehts:

1. Die Teefiltertüte mit den Filzstiften betupfen, mit Wasser befeuchten und trocknen lassen.

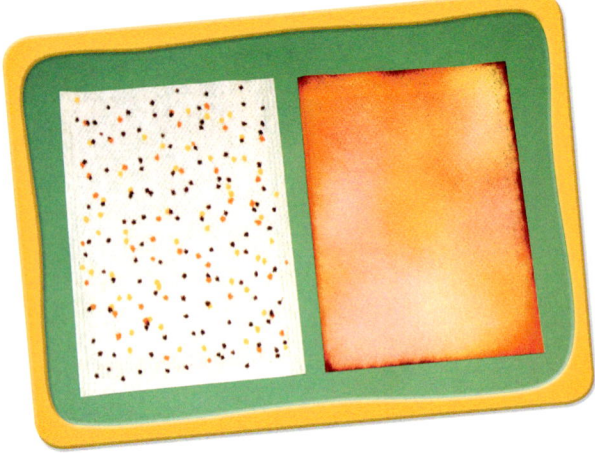

2. Zwei Wattepads mit gelber Wasserfarbe bemalen und trocknen lassen.

3. Aus dunkelbraunem Tonpapier einen Kreis, etwa 14 cm Ø, und einen etwa 0,5 cm breiten Streifen zuschneiden. Aus hellbraunem Tonpapier einen etwa 3 cm breiten Papierstreifen anfertigen. Aus schwarzem Tonpapier einen etwa 1 cm breiten Streifen zuschneiden.

4. Den dunkelbraunen Kreis halbieren (Flügel). Vom dunkelbraunen Streifen zwei lange und zwei kurze Stücke abschneiden (Beine). Den hellbraunen Streifen in drei gleich große Stücke schneiden, davon zwei Stücke für die Federohren verwenden und das dritte Stück diagonal durchschneiden (eine Hälfte als Schnabel). Vom schwarzen Streifen zwei Stücke für die Pupillen abschneiden.

5. Die Flügel von hinten an der Teefiltertüte befestigen. Für die Krallenfüße die zwei kurzen dunkelbraunen Stücke an die langen kleben und mit Klebstoff an der Teefiltertüte anbringen. Die gelben Wattepads als Augen anbringen und die Pupillen daraufkleben. Die Federohren jeweils auf der schmalen Seite mehrmals einschneiden und an der Eule fixieren. Den Schnabel ergänzen.

Du brauchst:
eine weiße Teefiltertüte (Größe 2), hellbraunes, dunkelbraunes und schwarzes Tonpapier, zwei Wattepads, gelbe Wasserfarbe, Filzstifte in Gelb, Orange, Braun, Pinsel, Schere, Klebstoff

So gehts:

1. Drei Teefiltertüten mit den Filzstiften betupfen, mit Wasser befeuchten und trocknen lassen.

3. Vom braunen Rechteck (Tor) zwei Ecken auf der breiten Seite abschneiden. Für die Zinnen den gelben Streifen in 12 Stücke schneiden. Vom hellblauen Streifen vier Stücke abscheiden (Fenster). Für den Torriegel vom schwarzen Streifen ein langes und ein kurzes Stück abschneiden.

2. Aus braunem Tonpapier ein Rechteck, etwa 6 x 8 cm, anfertigen. Einen gelben Streifen, etwa 1,5 x 60 cm, und einen hellblauen Streifen, etwa 3 x 14 cm, sowie einen schwarzen Papierstreifen, etwa 0,5 cm breit, zuschneiden.

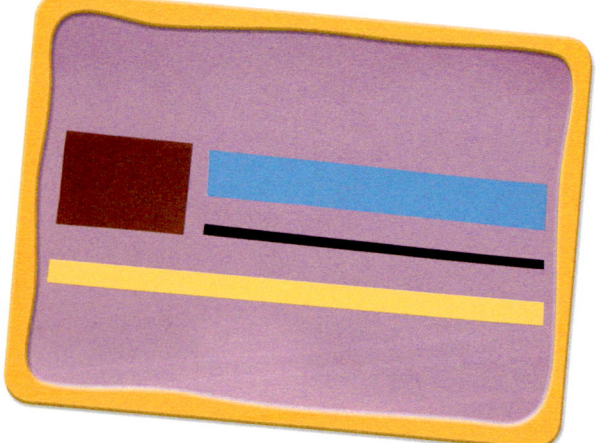

4. Eine Filtertüte waagerecht auf den Tisch legen und zwei Teefiltertüten senkrecht rechts und links daran befestigen. Mit Klebefilm die kleinen gelben Papierstücke als Zinnen von hinten an die Burg kleben. Den kurzen schwarzen Streifen mittig über den langen kleben und als Riegel an dem braunen Tor befestigen. Das Tor und die vier blauen Fenster auf der Burg mit Klebstoff anbringen.

Tipp:
Wer keine bunte Ritterburg basteln möchte, kann einfach verschiedene Töne einer Farbe verwenden, z. B. hell-, dunkelblaue und türkisfarbene Filzstifte. Die Burg leuchtet dann in wunderschönen Blautönen. Es können aber auch unterschiedliche Grün- oder Rottöne benutzt werden – der Fantasie sind keine Grenzen gesetzt.

Grüner Drache

So gehts:

1. Die Teefiltertüte mit den Filzstiften betupfen, mit Wasser befeuchten und trocknen lassen.

2. Aus hellgrünem Tonpapier ein großes Rechteck, etwa 18 x 8 cm, ein kleines Rechteck, etwa 9 x 5 cm, und einen Streifen, etwa 24 x 3 cm, anfertigen. Aus dunkelgrünem Tonpapier ein Rechteck, etwa 4 x 5 cm, und sieben etwa 3 cm große Quadrate zuschneiden. Einen weißen, etwa 1,5 cm breiten Papierstreifen und einen roten Tonpapierkreis, etwa 3 cm Ø, anfertigen.

3. Das große hellgrüne Rechteck diagonal durchschneiden (eine Hälfte als Schwanz). Vom kleinen hellgrünen Rechteck (Kopf) auf der schmalen Seite zwei Ecken rund abschneiden. Den hellgrünen Streifen in der Mitte durchschneiden (eine Hälfte als Hals). Die andere Hälfte nochmals in der Mitte durchschneiden und beide Hälften als Beine benutzen. Das dunkelgrüne Rechteck diagonal durchschneiden und beide Hälften als Füße verwenden. Für die Zacken alle dunkelgrünen Quadrate diagonal durchschneiden. Vom weißen Streifen ein Stück abschneiden (Auge). Den roten Kreis halbieren (eine Hälfte als Mund).

4. Die Einzelteile des Drachens (Kopf, Schwanz, Füße) jeweils mit Klebstoff zusammensetzen. Die Zacken mit Klebefilm von hinten ankleben.

5. Die bemalte Teefiltertüte waagerecht auf den Tisch legen und den Kopf, den Schwanz und die Füße auf der Rückseite mit Klebefilm befestigen.

6. Mit dem Locher aus dem schwarzen Tonpapier zwei Punkte ausstanzen und als Pupille und Nasenloch aufkleben.

Freches Nilpferd

So gehts:

1. Die weiße und die schwarze Fingerfarbe zu „grau" vermischen, die Kaffeefiltertüte beidseitig damit bemalen und trocknen lassen.

2. Aus grauem Tonpapier ein großes Quadrat, etwa 9 x 9 cm, ein kleines Rechteck, etwa 2 x 8 cm, und einen Kreis, etwa 2 cm Ø, anfertigen. Außerdem einen etwa 0,5 cm und einen 1 cm breiten weißen Tonpapierstreifen zuschneiden.

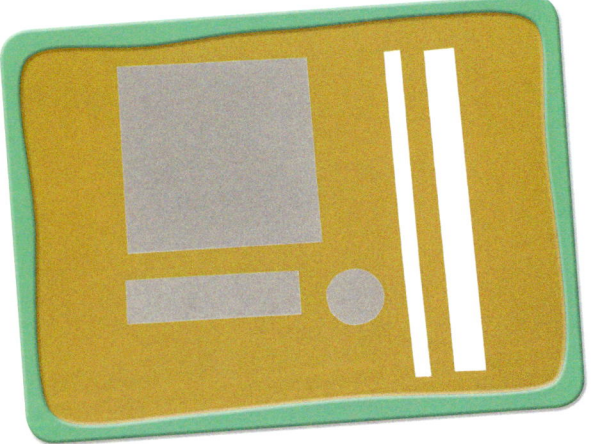

3. Für den Kopf vom grauen Quadrat alle vier Ecken abschneiden (auf einer Seite etwas großzügiger). Das graue Rechteck diagonal durchschneiden (eine Hälfte als Schwanz). Den grauen Kreis halbieren und beide Hälften als Ohren verwenden. Vom schmalen weißen Streifen zwei Stücke für die Zähne und vom breiteren weißen Streifen zwei Stücke für die Augen abschneiden.

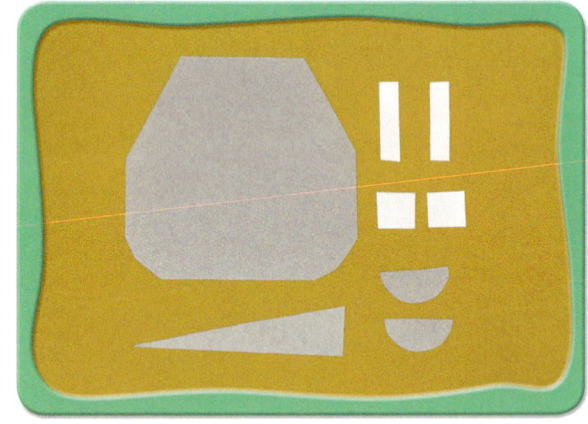

4. Die Einzelteile des Kopfs mit Klebstoff zusammensetzen. Zwei schwarze Locherpunkte als Pupillen auf die weißen Augenquadrate kleben, zwei weitere als Nasenlöcher anbringen.

5. Die getrocknete Filtertüte an den Falt-kanten umknicken und mit Klebstoff fixieren.

6. Die Filtertüte aufstellen (Öffnung nach unten) und den Kopf sowie den Schwanz mit Klebstoff daran befestigen.

Du brauchst:
eine weiße Kaffeefiltertüte (Größe 2),
weißes, graues und schwarzes
Tonpapier, weiße und schwarze Fingerfarben (oder graue Fingerfarbe),
Pinsel, Schere, Klebstoff, Locher

Goldfisch

So gehts:

1. Zwei Kaffeefiltertüten mit Wasser befeuchten, mit den Wasserfarben betupfen und trocknen lassen.

2. Für die Seitenflossen eine bemalte Kaffeefiltertüte in der Mitte durchschneiden, die andere Filtertüte als Schwanzflosse verwenden.

3. Aus orangefarbenem Tonpapier ein Rechteck, etwa 20 x 14 cm, anfertigen. Aus rotem Tonpapier einen Kreis, etwa 4,5 cm Ø, und aus weißem Tonpapier einen weißen, etwa 2 cm breiten Streifen zuschneiden.

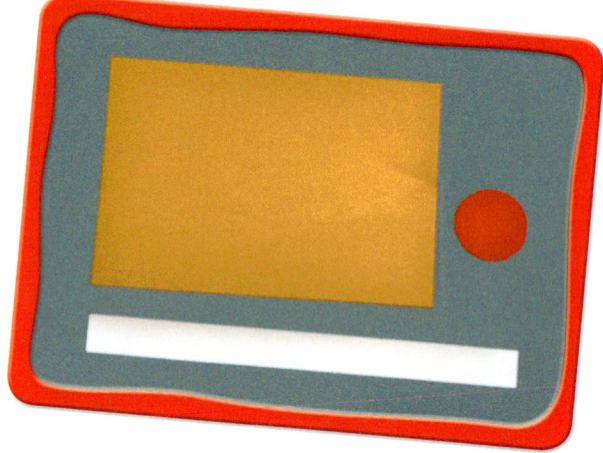

4. Alle vier Ecken des orangefarbenen Rechtecks rund abschneiden (Körper). Den roten Kreis halbieren und eine Hälfte als Mund verwenden. Für das Auge vom weißen Streifen ein Stück abschneiden und einen schwarzen Locherpunkt als Pupille aufkleben. Das Auge und den Mund auf den Fischkörper kleben.

5. Die bemalte Kaffeefiltertüte als Schwanzflosse, die beiden Filtertütenhälften als
Seitenflossen von hinten am Fischkörper
befestigen.

Du brauchst:
zwei weiße Kaffeefiltertüten
(Größe 2), weißes, rotes,
orangefarbenes und schwarzes
Tonpapier, gelbe, orangefarbene
und rote Wasserfarben,
Pinsel, Schere, Klebstoff, Locher

Fröhliches Mädchen

So gehts:

1. Die Filtertüte mit Wasser befeuchten, mit den Wasserfarben betupfen und trocknen lassen.

Du brauchst:
eine weiße Kaffeefiltertüte (Größe 2), weißes, hautfarbenes, rotes, pinkfarbenes, lilafarbenes, grünes und schwarzes Tonpapier, rote, lilafarbene und blaue Wasserfarben, gelbe Märchenwolle, Pinsel, Schere, Klebstoff, Locher

2. Aus weißem Tonpapier einen etwa 1,5 cm breiten Streifen anfertigen. Ein lilafarbenes und ein hautfarbenes Tonpapierrechteck, je 2 x 18 cm, zuschneiden. Aus dem hautfarbenen Papier ein etwa 7 cm großes Quadrat und einen etwa 1,5 cm breiten Streifen anfertigen. Dazu jeweils einen grünen und einen pinkfarbenen Kreis, etwa 3 cm Ø, und für den Mund einen roten Kreis, etwa 2,5 cm Ø, zuschneiden.

3. Vom weißen Streifen zwei Stücke abschneiden (Augen) und zwei schwarze Locherpunkte als Pupillen aufkleben. Den roten Kreis halbieren und eine Hälfte als Mund verwenden. Die Augen und den Mund auf den Kopf kleben. Einen roten Locherpunkt als Nase ergänzen. Für den Hals ein Stück des hautfarbenen Streifens abschneiden und am Kopf fixieren. Etwas Märchenwolle als Haare aufkleben.

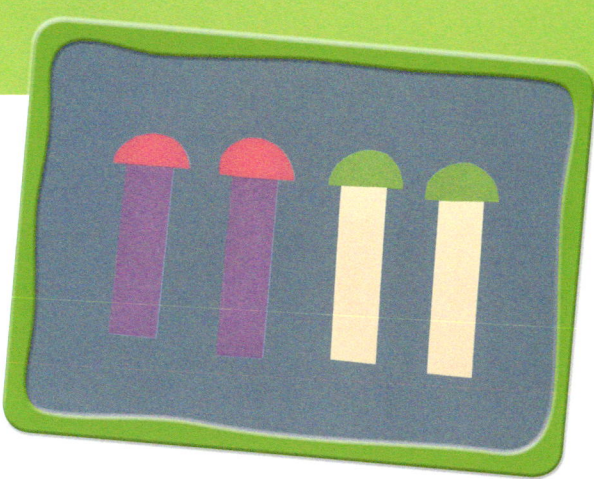

4. Das lila- und hautfarbene Rechteck jeweils in der Mitte durchschneiden und die Hälften als Beine und Arme verwenden. Für Hände und Füße den grünen und pinkfarbenen Kreis halbieren und an den Armen und Beinen ankleben.

5. Die bemalte Kaffeefiltertüte (Körper) mit der Öffnung nach unten auf den Tisch legen und die Einzelteile des Mädchens von hinten mit Klebstoff daran befestigen.

Rosa Schweinchen

So gehts:

1. Die rote und weiße Fingerfarbe zu „Rosa" vermischen, die Filtertüte beidseitig damit bemalen und trocknen lassen.

Du brauchst:
eine weiße Kaffeefiltertüte (Größe 2), weißes, rosafarbenes, pinkfarbenes und schwarzes Tonpapier, weiße und rote Fingerfarben (oder rosafarbene Fingerfarbe), rosa Chenilledraht, Pinsel, Schere, Klebstoff, Locher

2. Aus rosafarbenem Tonpapier ein großes Quadrat, etwa 7 x 7 cm, und ein kleines Quadrat, etwa 2 x 2 cm, zuschneiden. Außerdem ein pinkfarbenes, etwa 2,5 x 2,5 cm großes Papierquadrat und einen weißen, etwa 1,5 cm breiten Papierstreifen anfertigen.

3. Vom großen rosafarbenen Quadrat alle vier Ecken abschneiden (Kopf). Das kleine Quadrat halbieren und beide Hälften als Ohren verwenden. Vom pinkfarbenen Quadrat alle vier Ecken abschneiden (Schnauze) und zwei rosafarbene Locherpunkte als Nasenlöcher aufkleben. Vom weißen Streifen zwei Stücke abschneiden (Augen) und zwei schwarze Locherpunkte als Pupillen anbringen. Die Einzelteile des Kopfes mit Klebstoff zusammensetzen.

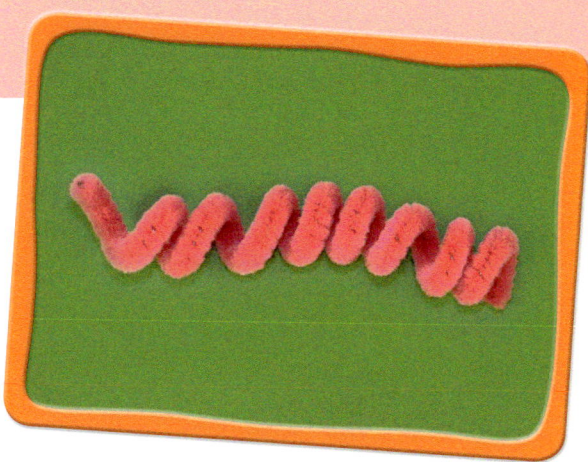

4. Die getrocknete Kaffeefiltertüte mit der Öffnung nach unten auf den Tisch legen und die rechte gestanzte Seitenkante umknicken und fixieren. Außerdem die Tüte von oben etwa 3 cm umknicken und festkleben.

5. Den rosafarbenen Chenilledraht um einen Pinsel oder einen Bleistift wickeln, anschließend den Stift vorsichtig herausziehen und als Schwanz verwenden.

6. Die Filtertüte aufstellen (Öffnung nach unten) und den Kopf sowie den Schwanz mit Klebstoff daran befestigen.

Schmetterling

So gehts:

1. Zwei Kaffeefiltertüten mit Wasser befeuchten, mit den Wasserfarben betupfen und trocknen lassen.

2. Aus rotem Tonpapier ein Rechteck, etwa 16 x 2,5 cm, und einen etwa 0,5 cm breiten Streifen zuschneiden. Die beiden getrockneten Kaffeefiltertüten bereitlegen.

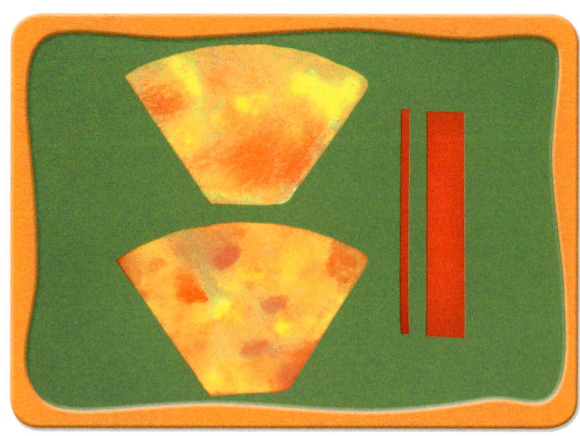

3. Vom roten Rechteck alle vier Ecken abschneiden und als Schmetterlingskörper verwenden. Für die Fühler vom roten Streifen zwei Stücke abschneiden und am Körper ankleben. Die beiden Filtertüten als Flügel am Körper mit Klebstoff fixieren.

Du brauchst:
zwei weiße Kaffeefiltertüten (Größe 2), rotes Tonpapier, gelbe, orangefarbene und rote Wasserfarben, Pinsel, Schere, Klebstoff

Fliegenpilze

So gehts:

1. Vom weißen Tonpapier einen Streifen, 5 x 30 cm, und vom roten Tonpapier einen Kreis, 15 cm Ø, zuschneiden.

Du brauchst:
weißes und rotes Tonpapier, weiße Fingerfarbe, Pinsel, Schere, Klebstoff

2. Den Tonpapierstreifen und den Kreis in der Mitte durchschneiden.

3. Die Einzelteile mit Klebstoff zu zwei Pilzen zusammensetzen. Mit dem Finger weiße Farbpunkte (Finger-malfarben) auf die roten Pilzhüte drucken.

29

Kleiner Hase

So gehts:

1. Mit dem Pinsel braune Fingerfarbe auf die Handfläche malen.

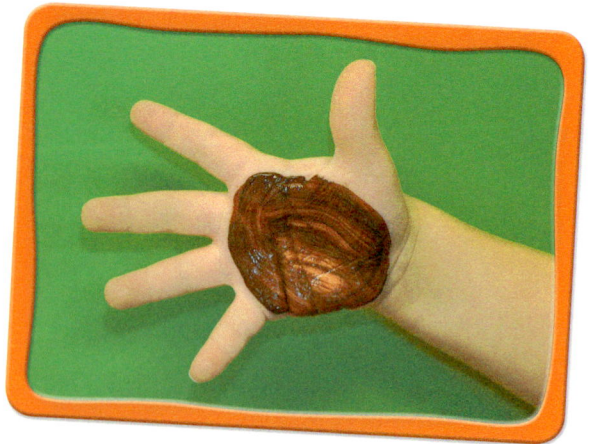

2. Die bemalte Hand auf den Tonpapierbogen drucken (Hasenkörper).

3. Ein weiteres Mal die Handfläche und außerdem den Mittel- und Ringfinger mit brauner Fingerfarbe bemalen.

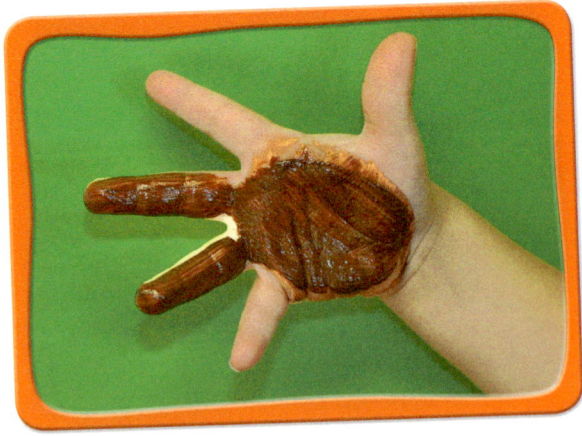

4. Die bemalte Hand als Kopf und Ohren direkt über dem Körper aufdrucken.

5. Von einem weißen, etwa 1 cm breiten
Tonpapierstreifen zwei Stücke und von einem
hellbraunen, etwa 1 cm breiten Streifen ein
Stück abschneiden. Einen etwa 0,3 x 24 cm
großen schwarzen Papierstreifen in vier 6 cm
lange Stücke schneiden.

6. Die beiden weißen Stücke mit jeweils
einem schwarzen Locherpunkt bekleben und
als Augen auf dem Hasengesicht anbringen.
Die vier schwarzen Tonpapierstreifen als
Barthaare befestigen und das hellbraune
Tonpapierstück als Nase darüberkleben.
Zuletzt etwas Watte als Schwanz aufkleben.

Niedliche Maus

So gehts:

1. Die Handfläche sowie vier Finger mit grauer Fingerfarbe bemalen (die Fingerkuppen aussparen).

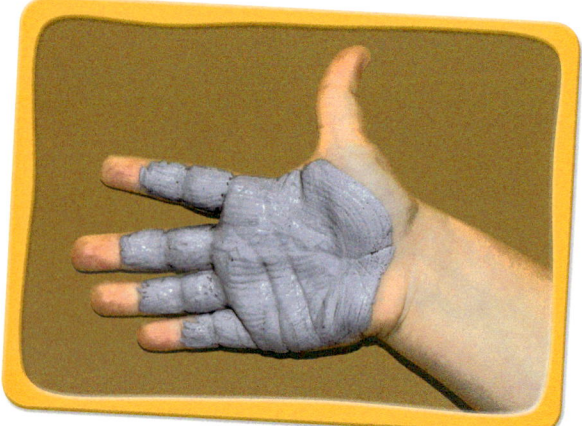

2. Die Hand auf den braunen Tonpapierbogen drucken.

3. Einen weißen Tonpapierstreifen, 1 cm breit, und einen schwarzen Tonpapierstreifen, etwa 0,3 cm breit, anfertigen. Aus grauem Tonpapier ein Rechteck, etwa 5 x 4 cm, und einen Kreis, 2 cm Ø, vorbereiten.

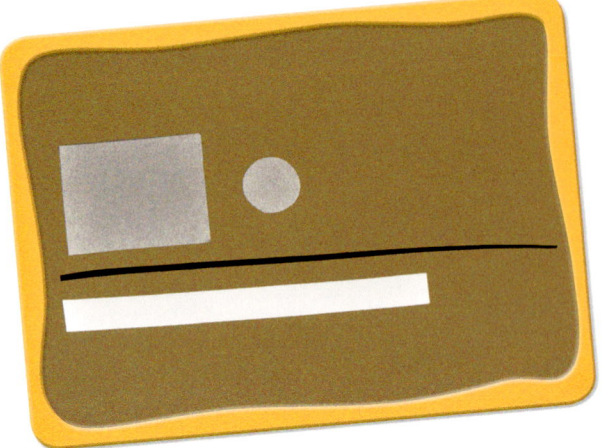

4. Vom weißen Streifen zwei kleine Stücke abschneiden (Augen). Den schwarzen Streifen in drei gleich lange dünne Stücke schneiden (Barthaare). Den grauen Kreis halbieren (Ohren). Das graue Rechteck der Abbildung entsprechend von den beiden langen Seiten her spitz zuschneiden (Kopf).

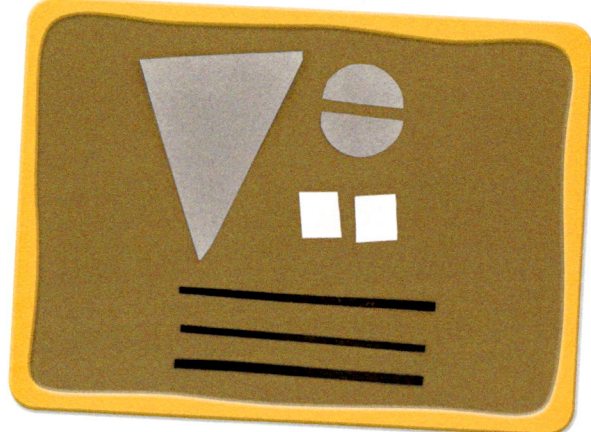

5. Die Einzelteile des Kopfs mit Klebstoff zusammensetzen. Zwei schwarze Locherpunkte als Pupillen und einen roten Locherpunkt als Nase aufkleben.

Du brauchst:
weißes, rotes, graues und schwarzes Tonpapier, einen braunen Tonpapierbogen, schwarzen Chenilledraht, graue Fingerfarbe, Pinsel, Schere, Klebstoff, Locher

6. Für den Mäuseschwanz den Chenilledraht zu einem „S" biegen. Den Kopf und den Schwanz mit Klebstoff am Körper anbringen.

Marienkäfer

So gehts:

1. Mit der roten Fingerfarbe die Handfläche anmalen. Drei Finger zur Hälfte mit
der schwarzen Fingerfarbe bemalen.

2. Die bemalte Hand auf den Tonpapierbogen
drucken.

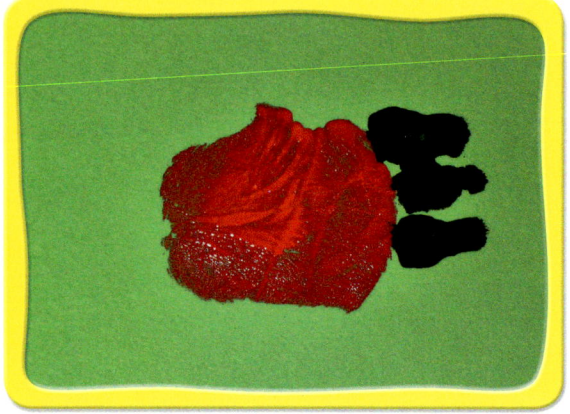

3. Die Hand noch einmal, wie in Schritt 1
beschrieben, bemalen und so auf das Papier
drucken, dass die Finger in die entgegengesetzte Richtung zeigen.

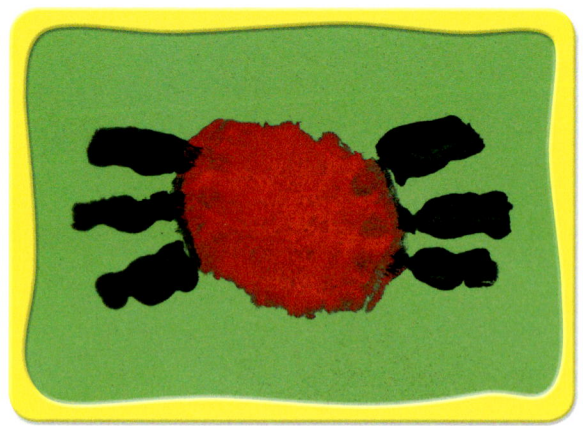

4. Ein Wattepad mit schwarzer Wasserfarbe
anmalen und trocknen lassen.

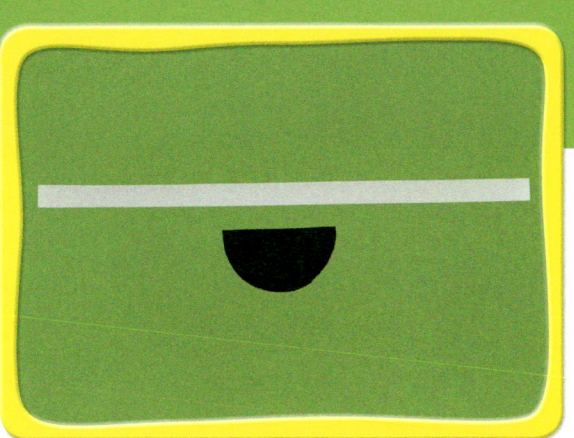

5. Einen weißen, etwa 1 cm breiten Tonpapierstreifen zuschneiden, das Wattepad halbieren und eine Hälfte als Kopf verwenden.

Du brauchst:
einen grünen Tonpapierbogen, weißes und schwarzes Tonpapier, ein Wattepad, schwarze Wasserfarbe, rote und schwarze Fingerfarben, Pinsel, Schere, Klebstoff, Locher

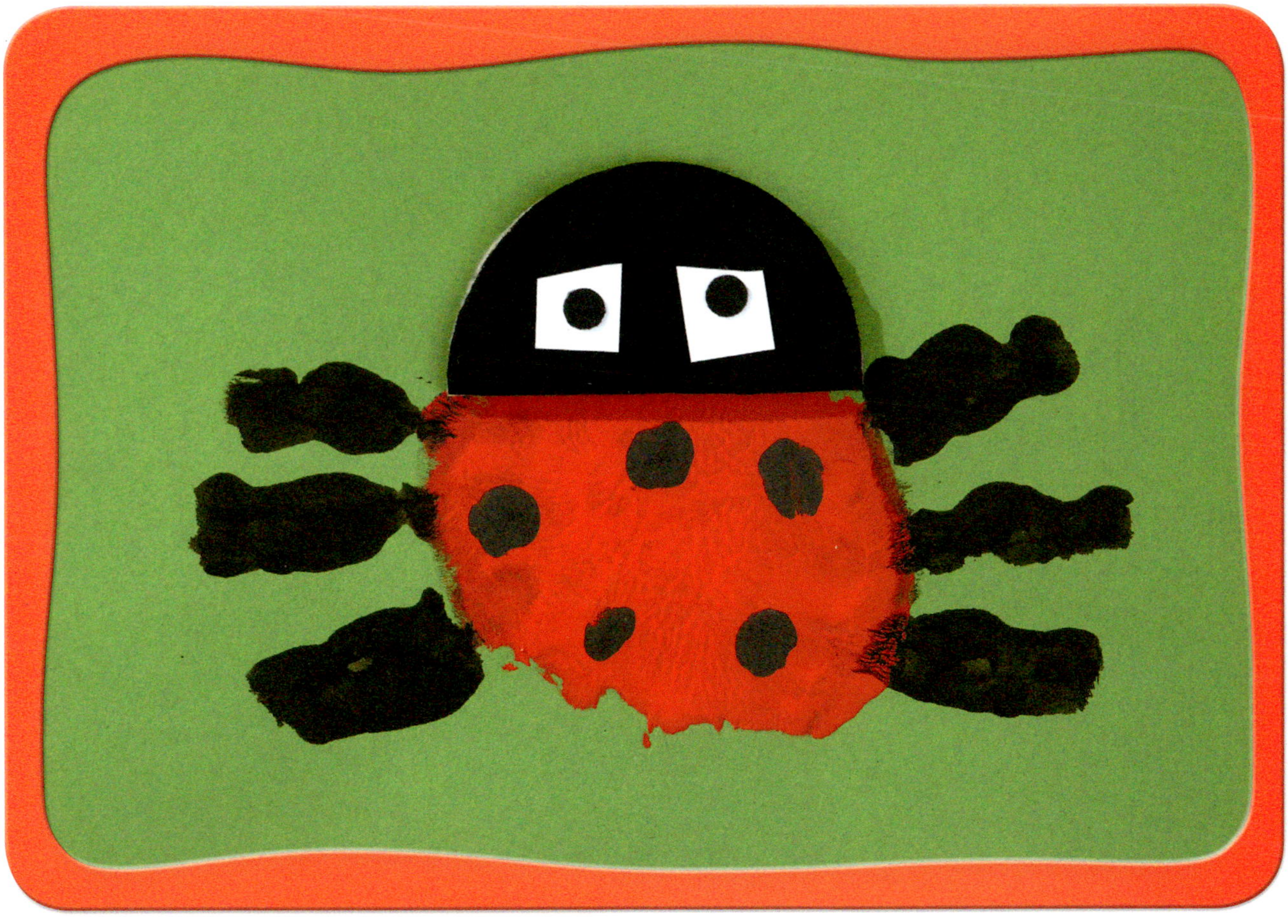

6. Den Kopf mit Klebstoff am Marienkäferkörper anbringen. Vom weißen Papierstreifen zwei Stücke abschneiden, mit jeweils einem schwarzen Locherpunkt bekleben und als Augen fixieren. Mit dem Finger schwarze Farbpunkte (Fingermalfarben) auf den roten Körper drucken.

Lustiges Zebra

So gehts:

1. Die Handfläche abwechselnd mit weißer und schwarzer Fingerfarbe bestreichen. Ebenso die vier Finger (zur Hälfte) anmalen.

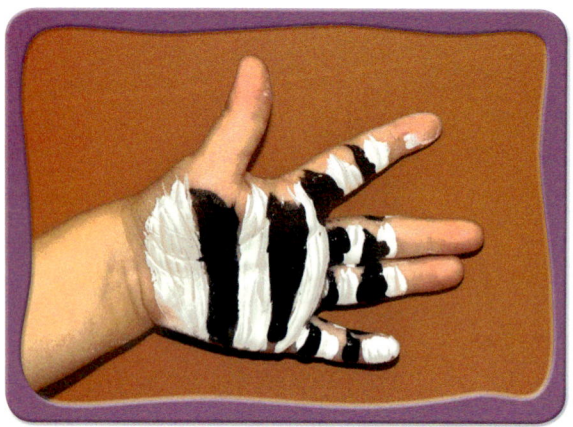

2. Die bemalte Hand auf den Tonpapierbogen drucken.

3. Aus schwarzem Tonpapier einen etwa 1 cm breiten Streifen sowie ein großes Rechteck, 5 x 1,5 cm, und ein kleines Rechteck, 2 x 1,5 cm, zuschneiden. Zudem ein weißes Tonpapierrechteck, 4 x 2,5 cm, vorbereiten. Die Größe der Teile eventuell an die Größe des Farbabdrucks anpassen.

4. Vom schwarzen Tonpapierstreifen ein Stück abschneiden (Auge). Das größere schwarze Rechteck als Hals verwenden, das kleinere diagonal durchschneiden (Ohren). Vom weißen Rechteck alle vier Ecken rund abschneiden (Kopf).

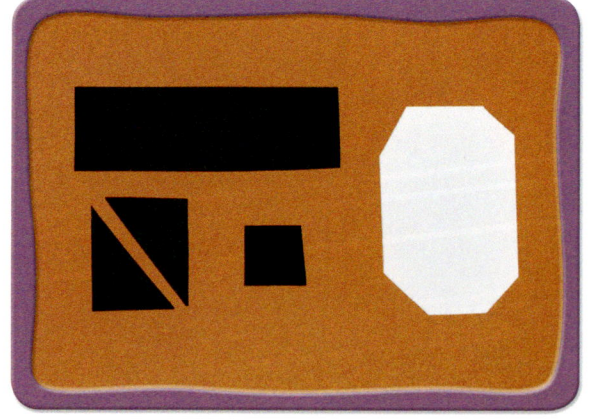

5. Die Einzelteile entsprechend der Abbildung mit Klebstoff zusammensetzen. Einen weißen Locherpunkt als Pupille aufkleben. Aus dem Kopf ein Dreieck als Mund ausschneiden.

Du brauchst:

einen hellbraunen Tonpapierbogen, weißes und schwarzes Tonpapier, schwarze Märchenwolle, weiße und schwarze Fingerfarben, Pinsel, Schere, Klebstoff, Locher

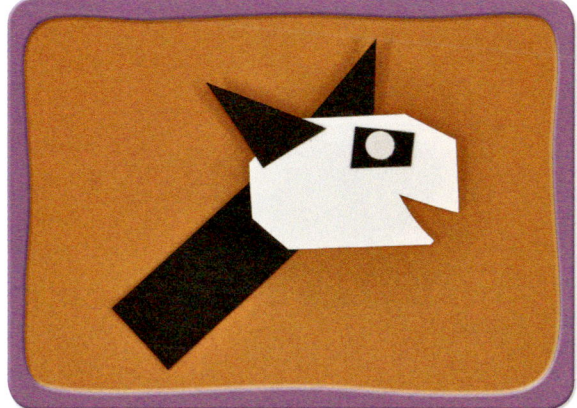

6. Den fertigen Kopf sowie etwas Märchenwolle als Schwanz mit Klebstoff am Zebrakörper anbringen.

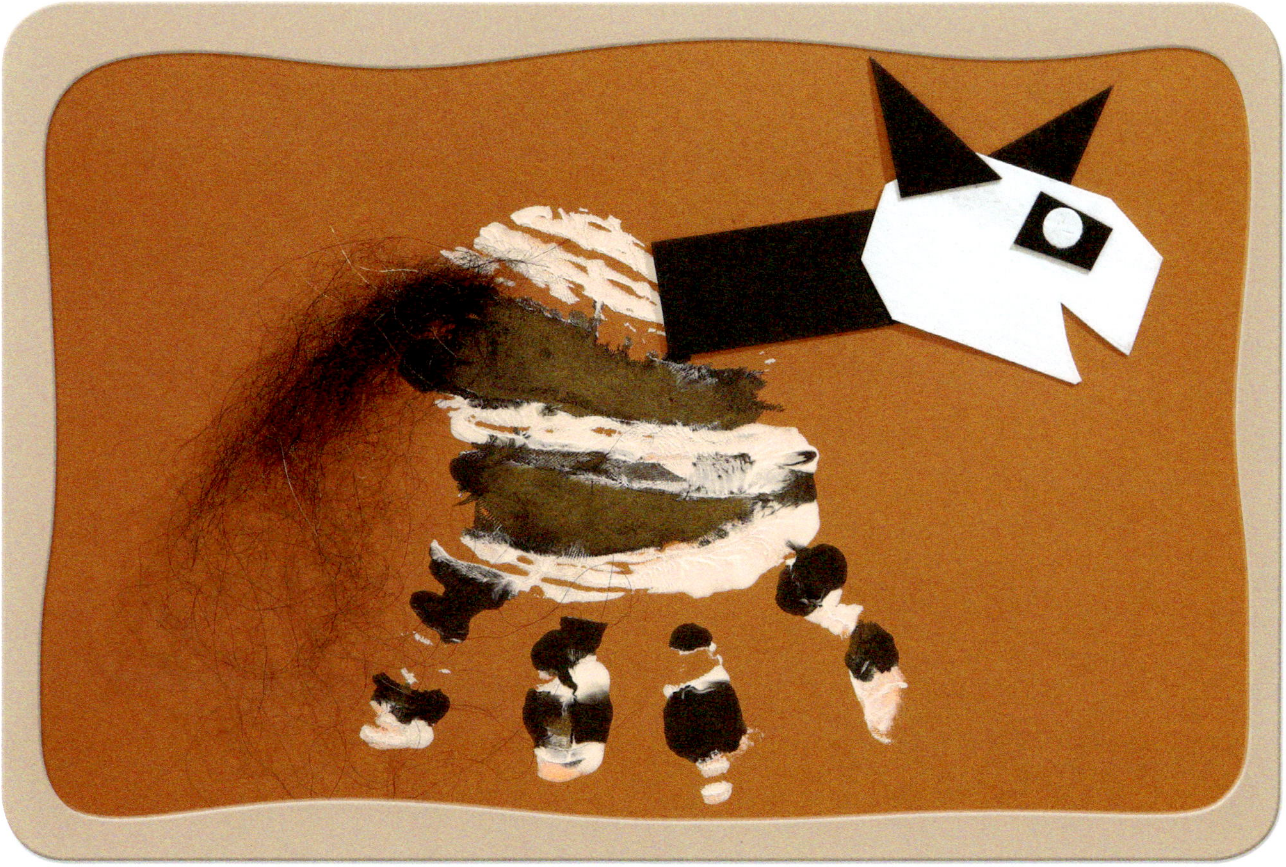

Bunter Hahn

So gehts:

1. Die Hand der Abbildung entsprechend mit Fingerfarben bemalen: Die Handfläche und den Daumen weiß, die vier Finger mit den verschiedenen Farbtönen.

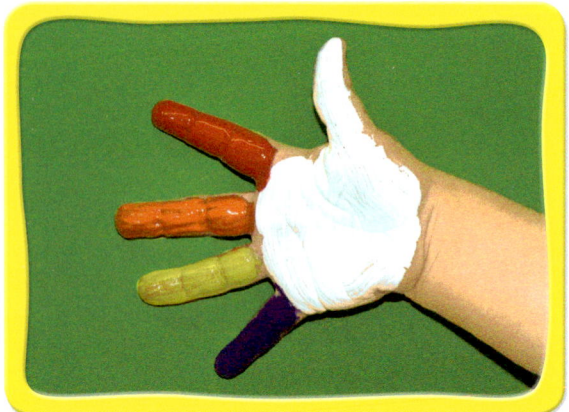

2. Die bemalte Hand auf den grünen Papierbogen drucken.

3. Einen schwarzen, etwa 1 cm breiten Tonpapierstreifen zuschneiden. Aus rotem Tonpapier zwei Rechtecke, 2,5 x 2 cm und 4 x 1,5 cm, anfertigen. Außerdem zwei rote Papierstreifen, 10 x 0,5 cm, zuschneiden und ein weißes Wattepad bereitlegen.

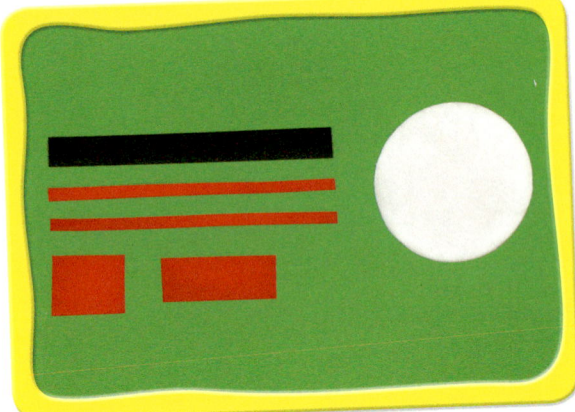

4. Vom schwarzen Tonpapierstreifen ein Stück abschneiden (Auge). Das kleinere rote Rechteck diagonal durchschneiden und eine Hälfte als Schnabel verwenden. Das andere Rechteck zuerst in der Mitte, dann die beiden entstandenen Hälften diagonal durchschneiden. Diese Teile für den Kamm verwenden. Die zwei schmalen roten Streifen der Abbildung entsprechend zuschneiden (Beine).

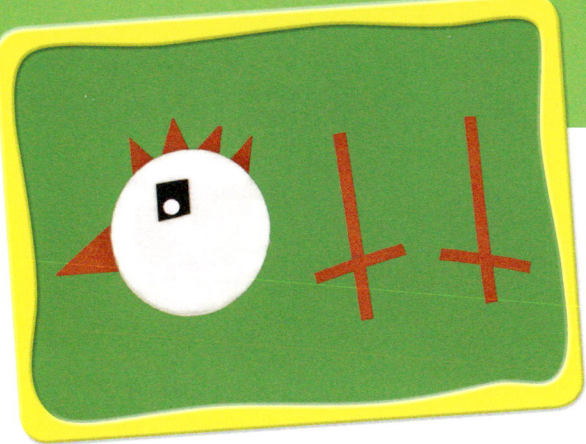

Du brauchst:
einen grünen Tonpapierbogen, weißes, rotes, und schwarzes Tonpapier, ein Wattepad, gelbe, orangefarbene, rote und blaue Fingerfarben, Pinsel, Schere, Klebstoff, Locher

5. Den Schnabel und die Einzelteile des Kamms mit Klebstoff hinter dem Wattepad (Kopf) anbringen. Das Auge mit einem weißen Locherpunkt versehen und ebenfalls fixieren. Die zwei kürzeren roten Streifenstücke quer über die längeren kleben (Beine).

6. Den Kopf und die Beine am Körper befestigen.

So gehts:

1. Mit dem Pinsel orangefarbene Fingerfarbe auf die Handfläche und vier Finger streichen.

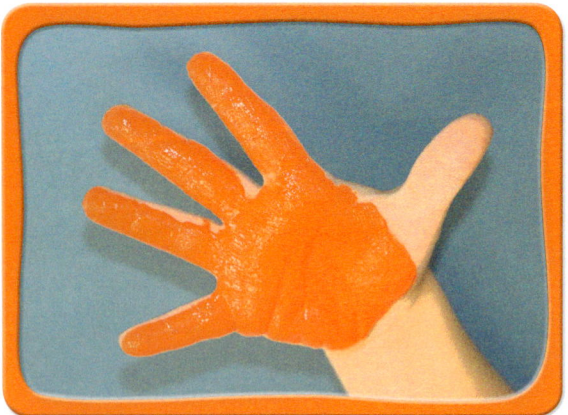

3. Die Hand noch einmal, wie unter Punkt 1 beschrieben, bemalen und so auf das Papier drucken, dass die Finger in die entgegengesetzte Richtung zeigen.

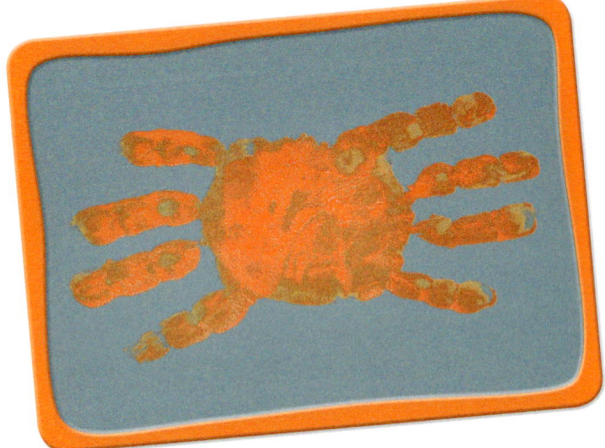

2. Die bemalte Hand auf den Tonpapierbogen drucken.

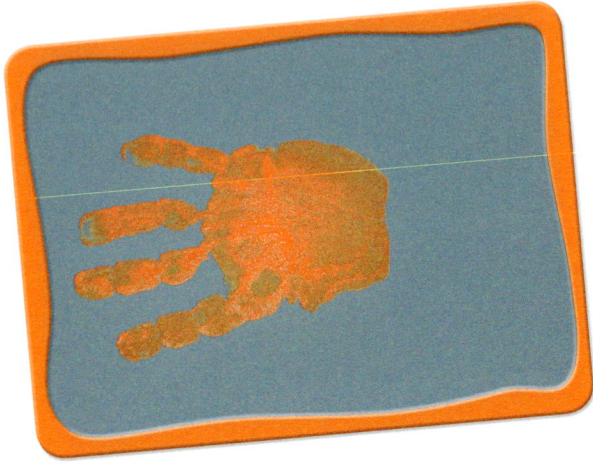

4. Einen orangefarbenen Tonpapierstreifen, etwa 1,5 cm breit, zuschneiden. Außerdem zwei orangefarbene Chenilledrähte, etwa 10 cm lang, bereitlegen.

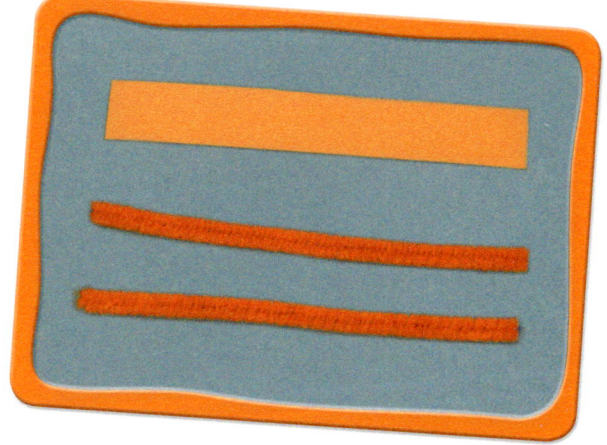

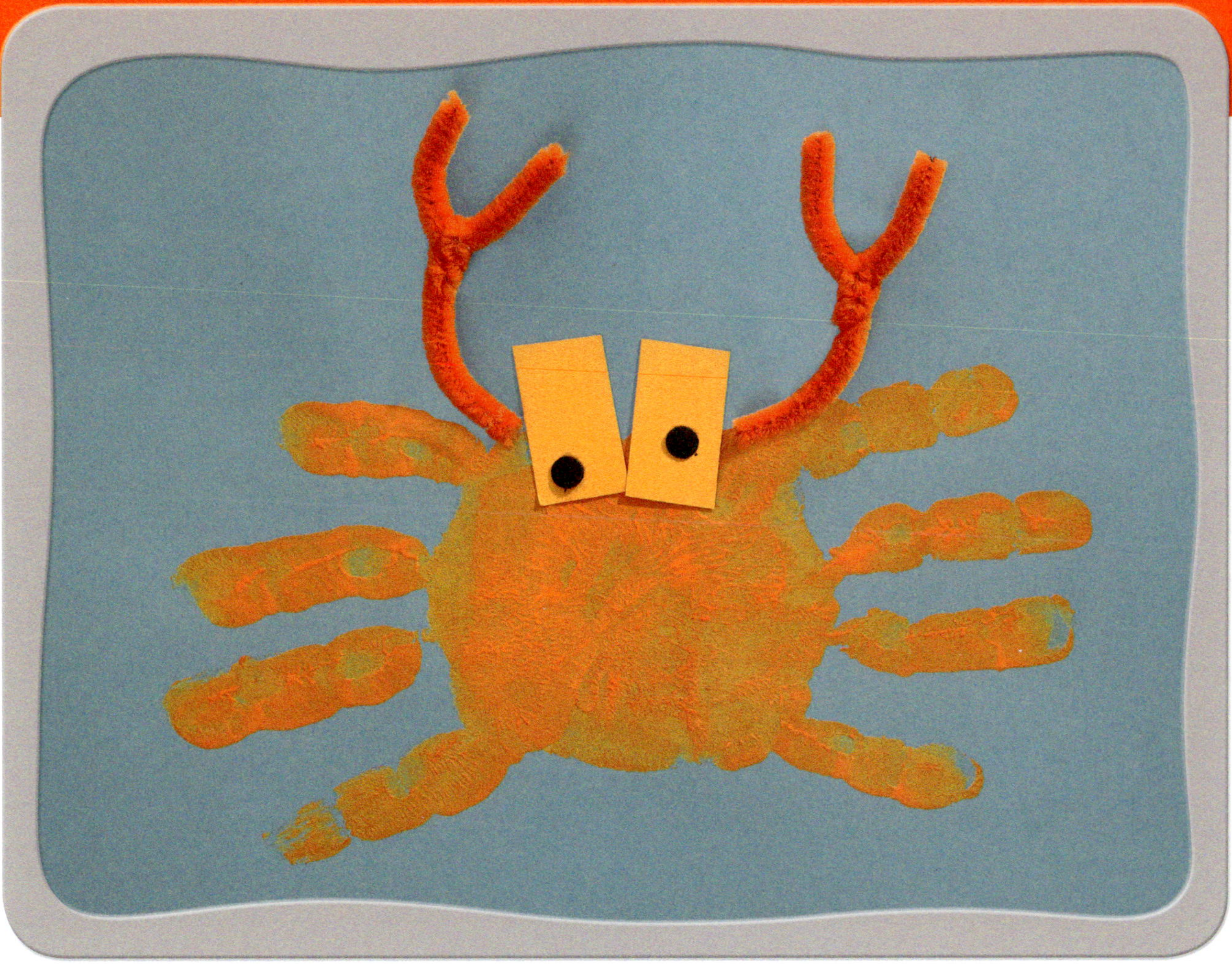

5. Vom Tonpapierstreifen zwei Stücke abschneiden und mit jeweils einem schwarzen Locherpunkt bekleben (Augen). Die Chenilledrähte in der Mitte durchschneiden. Eine Hälfte zu einem „U" biegen. Das Ende der anderen Hälfte über das „U" legen, nach hinten umbiegen und festdrehen (Krebsscheren).

6. Die Augen und die Krebsscheren an den Krebskörper kleben.

Du brauchst:
einen hellblauen Tonpapierbogen, orangefarbenes und schwarzes Tonpapier, orangefarbenen Chenilledraht, orangefarbene Fingerfarbe, Pinsel, Schere, Klebstoff, Locher

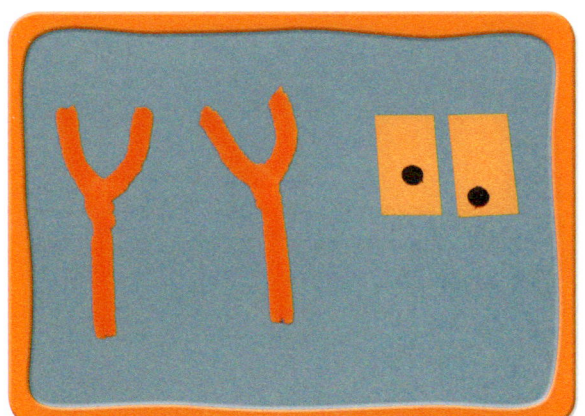

Lieber Leopard

So gehts:

1. Die Kaffeefiltertüte mit der gelben Fingerfarbe beidseitig bemalen und trocknen
lassen.

2. Eine Fingerspitze in die schwarze Fingerfarbe drücken und mehrfach Punkte auf die
getrocknete Filtertüte drucken. Die Farbe
trocknen lassen, die Filtertüte umdrehen und
die andere Seite bedrucken.

3. Aus gelbem Tonpapier ein etwa 8 cm
großes Quadrat anfertigen. Aus schwarzem
Tonpapier einen etwa 0,3 cm breiten

Streifen und ein etwa 2,5 cm großes Quadrat
anfertigen. Außerdem einen weißen, etwa
1,5 cm breiten Tonpapierstreifen zuschneiden.

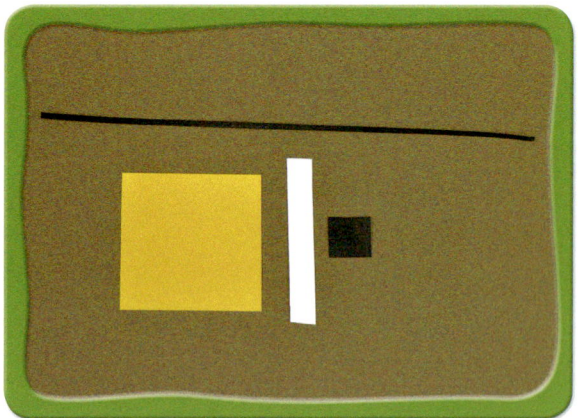

4. Alle vier Ecken des gelben Quadrats
abschneiden (Kopf). Für die Augen zwei Stücke
vom weißen Streifen abschneiden und
schwarze Locherpunkte als Pupillen aufkleben. Vom schwarzen Streifen drei Stücke
abschneiden und als Barthaare verwenden.
Das schwarze Quadrat diagonal durchschneiden (Ohren). Die Einzelteile des Kopfs
mit Klebstoff zusammensetzen. Einen roten
Locherpunkt als Nase auf den Barthaaren
anbringen.

5. Die gestanzten Faltkanten der Kaffeefilter-
tüte umknicken und mit Klebstoff fixieren.
An der offenen Seite ein etwa 2 cm breites
Stück abschneiden.

6. Die bemalte Filtertüte aufstellen (Öffnung
nach unten) und den Kopf sowie den gelben
Chenilledraht als Schwanz mit Klebstoff
befestigen.

Du brauchst:
eine weiße Kaffeefiltertüte (Größe 2),
weißes, gelbes, rotes und schwarzes
Tonpapier, gelben Chenilledraht,
gelbe und schwarze Fingerfarben,
Pinsel, Schere, Klebstoff, Locher

Du brauchst:

einen grünen Tonpapierbogen, weißes, braunes und schwarzes Tonpapier, braune Märchenwolle, braune Finger- farbe, Pinsel, Schere, Klebstoff, Locher

So gehts:

1. Mit dem Pinsel braune Fingerfarbe auf die Handfläche und vier Finger streichen.

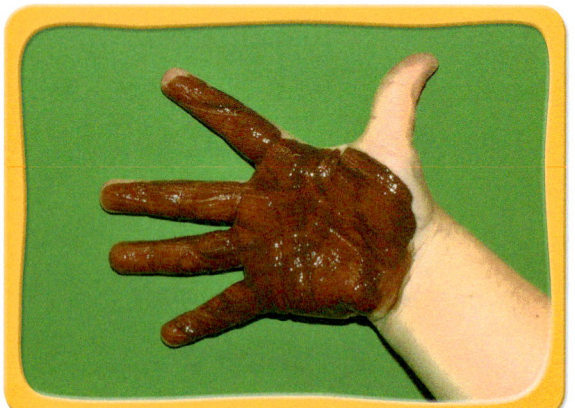

2. Die Hand auf den Tonpapierbogen drucken.

3. Einen 1 cm breiten weißen Tonpapier- streifen bereitlegen. Aus braunem Tonpapier ein Quadrat, etwa 5 x 5 cm, und ein Rechteck, etwa 2,5 x 1,5 cm, zuschneiden.

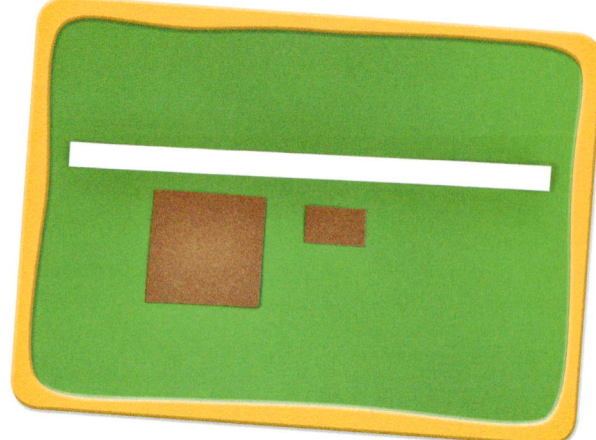

4. Vom weißen Streifen zwei Stücke abschnei- den (Augen). Das Quadrat zu einer Seite hin spitz zuschneiden (Kopf), das Rechteck diagonal durchschneiden (Ohren).

5. Auf den beiden weißen Stücken jeweils einen schwarzen Locherpunkt anbringen und die so entstandenen Augen auf den Kopf kleben. Die beiden Ohren von hinten am Kopf befestigen.

6. Den Kopf am Fuchskörper anbringen und etwas Märchenwolle als Schwanz fixieren.

Aquarium

So gehts:

1. Mit dem Pinsel grüne Fingerfarbe auf vier Finger streichen und auf die untere Hälfte des Papierbogens drucken. Diesen Schritt mehrmals wiederholen. So entstehen die Wasserpflanzen.

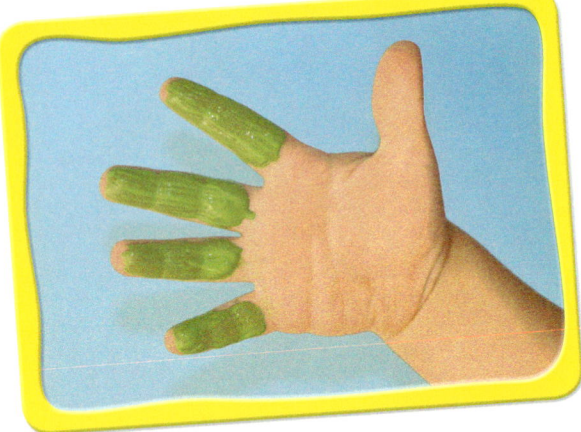

2. Eine Handbürste mit orangefarbener Fingerfarbe bestreichen und als Fischkörper über die Wasserpflanzen drucken.

3. Einen weißen, etwa 1 cm breiten Tonpapierstreifen und ein orangefarbenes Tonpapierquadrat, 4 x 4 cm, zuschneiden.

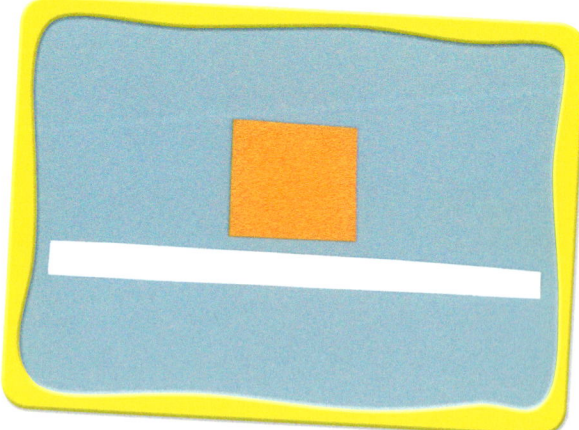

4. Vom weißen Streifen ein Stück abschneiden (Auge), das Quadrat diagonal durchschneiden und eine Hälfte als Flosse verwenden.

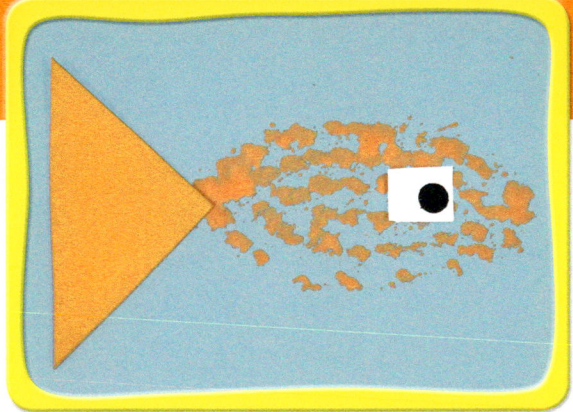

5. Die Flosse an den Fischkörper kleben. Einen schwarzen Locherpunkt mit Klebstoff auf dem weißen Auge befestigen und auf dem Fischkörper anbringen.

6. Besonders schön sieht es aus, wenn die Kinder verschiedenfarbige Fische für das Aquarium anfertigen.

Du brauchst:

einen blauen Papierbogen, weißes, gelbes, orangefarbenes, grünes und schwarzes Tonpapier, gelbe, orange-farbene, hellgrüne und dunkelgrüne Fingerfarben, ovale Handbürste, Pinsel, Schere, Klebstoff, Locher

Luftballonhimmel

So gehts:

1. Für jeden Luftballon ein Wattepad mit Wasserfarben bemalen.

Du brauchst:
einen weißen Papierbogen, Wattepads, blaue Fingerfarbe, verschiedene Wasserfarben, schwarze Wollfäden, Schwamm, Pinsel, Schere, Klebstoff, Klebefilm

3. Für den Bildhintergrund (Himmel) mit dem Schwamm blaue Fingerfarbe aufnehmen und mehrmals auf den Papierbogen drucken. Diesen Schritt so lange wiederholen, bis der ganze Hintergrund ausgefüllt ist.

2. Sechs Wattepads in verschiedenen Farben bemalen und trocknen lassen.

4. Pro Luftballon jeweils einen schwarzen Wollfaden zuschneiden und mit einem Klebestreifen auf der Rückseite des Wattepads befestigen.

5. Die bunten Luftballons auf den Bildhintergrund kleben.

Frühlingswiese

So gehts:

1. Für den Bildhintergrund mit einer Frotteesocke (auf links drehen und über die Hand des Kindes ziehen) grüne Fingerfarbe auf den Papierbogen drucken.

2. Aus hautfarbenem Tonpapier zwei Streifen, etwa 1,5 cm und 0,5 cm breit, anfertigen.

3. Vom breiteren Streifen ein etwa 6 cm langes Stück abschneiden und die vier Ecken abschneiden (Schmetterlingskörper). Für die Fühler vom schmalen Streifen zwei etwa 4 cm lange Stücke abschneiden.

4. Ein Wattepad mit orangefarbener Wasserfarbe anmalen und nach dem Trocknen in der Mitte durchschneiden.

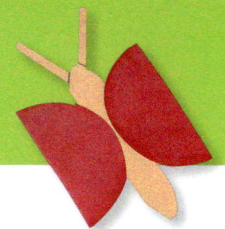

5. Die beiden Fühler mit Klebstoff am Schmetterlingskörper befestigen und die beiden Wattepadhälften als Flügel anbringen.

Du brauchst:

einen weißen Papierbogen, hautfarbenes Tonpapier, Wattepads, grüne Fingerfarbe, Wasserfarben, Frotteesocke, Pinsel, Schere, Klebstoff

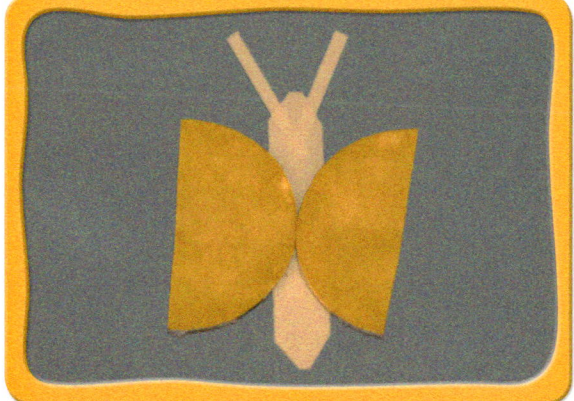

6. Besonders schön sieht es aus, wenn die Kinder mehrere verschiedenfarbige Schmetterlinge basteln und auf die grüne Wiese kleben.

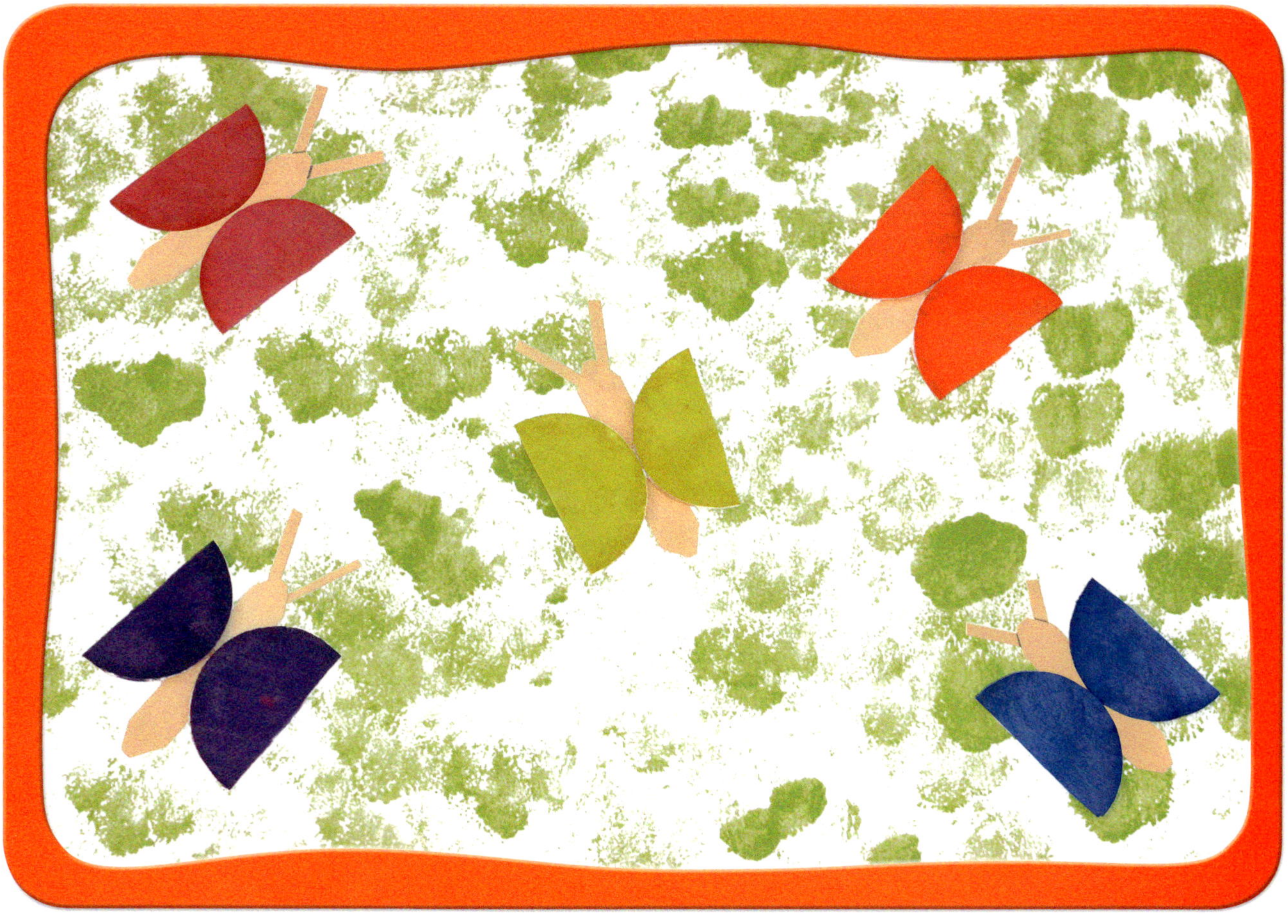

Palmeninsel

Du brauchst:

einen hellblauen Papierbogen,
hellgrünes Tonpapier, vier braune
Kaffeefiltertüten (Größe 2),
braune und grüne Wasserfarben,
Schwamm, Schere, Klebstoff

So gehts:

1. Mit dem Schwamm braune Wasserfarbe auf die vier Filtertüten drucken und trocknen lassen.

2. Mit dem Schwamm grüne Wasserfarbe so auf den hellblauen Papierbogen drucken, dass eine „Insel" entsteht. Die Farbe gut trocknen lassen.

3. Aus grünem Tonpapier drei große Rechtecke, etwa 8 x 35 cm, und zwei kleine Rechtecke, etwa 10 x 25 cm, zuschneiden.

4. Die Ecken aller Rechtecke abschneiden, rundherum mit der Schere einschneiden und als Palmenblätter verwenden.

5. Die getrockneten Filtertüten übereinander-kleben (Öffnungen zeigen nach oben) und als Baumstamm auf der grünen „Insel" mit Kleb-stoff fixieren. Auf der Rückseite der oberen Filtertüte keinen Klebstoff anbringen, da dort die Blätter befestigt werden.

6. Die Palmenblätter von hinten an der oberen Filtertüte befestigen und auf den blauen Papierbogen kleben. Die Filtertüte mit etwas Klebstoff fixieren.

Große Libelle

So gehts:

1. Den weißen Papierbogen in der Mitte falten und wieder öffnen. Die Farben direkt aus der Flasche zu zwei Streifen auf eine Hälfte des Papiers tropfen lassen.

2. Den Papierbogen erneut zusammenfalten. Mit der Handfläche darüberstreichen, bis sich die Farben gleichmäßig verteilt haben, und wieder öffnen. Nach dem Trocknen alle vier Farbabdrücke an der äußeren Kante entlang ausschneiden und als Libellenflügel verwenden.

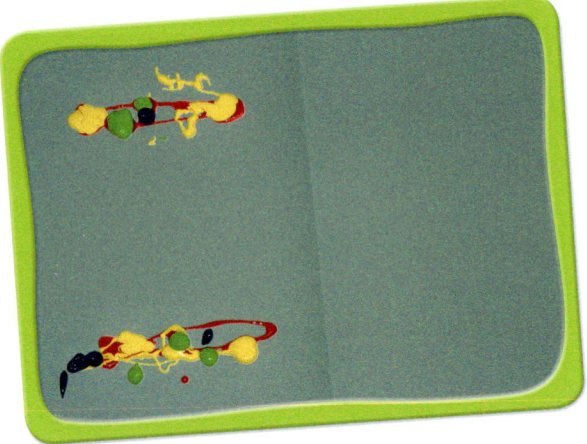

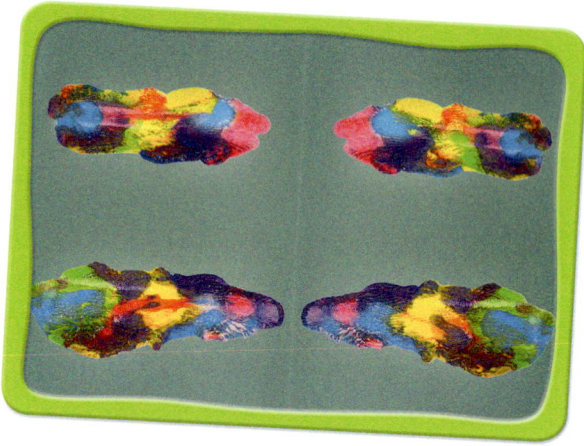

3. Vom rosafarbenen Tonpapier ein 33 x 3 cm großes Rechteck zuschneiden und alle vier Ecken abschneiden.

4. Die Flügel von hinten an die obere Hälfte des Libellenkörpers kleben.

Du brauchst:
einen weißen Papierbogen, rosa-farbenes Tonpapier, Fingerfarben, Schere, Klebstoff

Langsame Schnecke

So gehts:

1. Den weißen Papierbogen in der Mitte falten und wieder öffnen. Die Farben direkt aus der Flasche auf eine Hälfte des Papiers tropfen lassen.

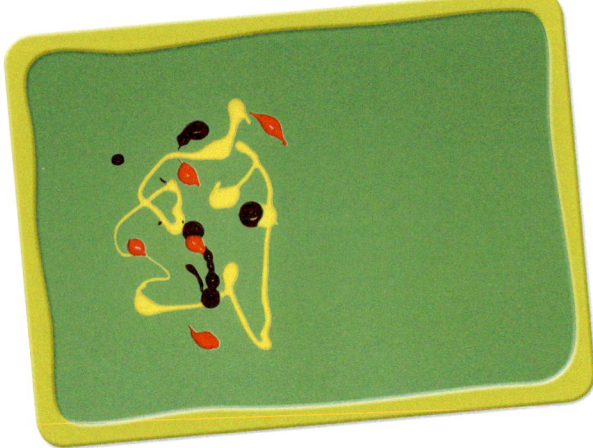

2. Den Papierbogen erneut zusammenfalten. Mit der Handfläche darüberstreichen, bis sich die Farben gleichmäßig verteilt haben, und wieder öffnen.

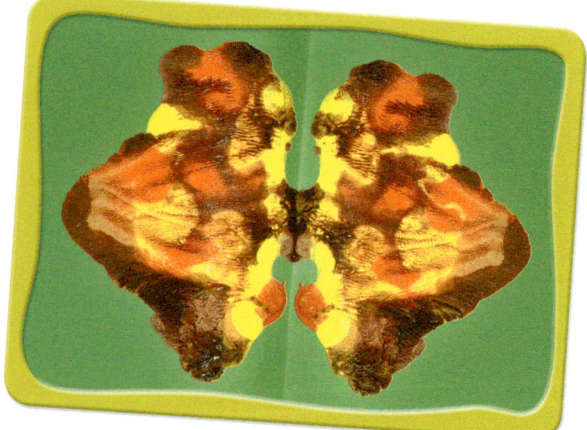

3. Zwei braune Tonpapierstreifen, 4 cm und 1 cm breit, einen schwarzen Tonpapierstreifen, 1,5 cm breit, und einen roten Tonpapierkreis, 3 cm Ø, vorbereiten.

4. Für den Körper der Schnecke vom breiten braunen Streifen ein etwa 30 cm langes Stück abschneiden und die vier Ecken spitz zuschneiden. Die Länge eventuell an die Größe des Schneckenhauses (Farbabdruck) anpassen. Für die Fühler vom schmalen braunen Streifen zwei Stücke abschneiden. Vom schwarzen Streifen zwei Stücke abschneiden (Augen) und den roten Kreis halbieren (Mund).

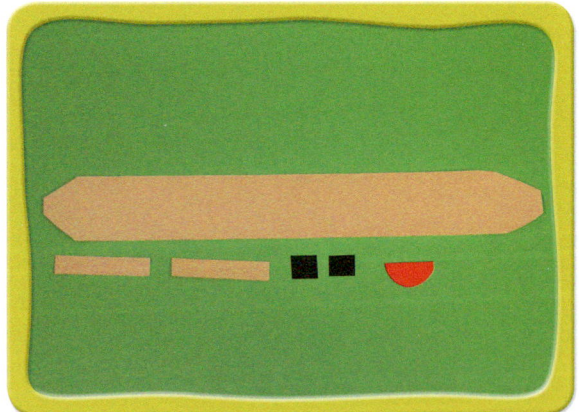

5. Einen der getrockneten Farbabdrücke an der Außenkante entlang ausschneiden und als Schneckenhaus auf den Körper kleben. Eine Hälfte des roten Kreises als Mund aufkleben, die beiden Fühler mit jeweils einem schwarzen Auge versehen und mit Klebstoff von hinten am Körper fixieren.

Teichfrosch

So gehts:

1. Den weißen Papierbogen in der Mitte falten und wieder öffnen. Die Farben direkt aus der Flasche auf eine Hälfte des Papiers tropfen lassen.

3. Vom hellgrünen Tonpapier einen großen Streifen, 36 x 2,5 cm, einen 1,5 cm breiten Streifen und ein Quadrat, 8 x 8 cm, zuschneiden. Einen weißen, etwa 1 cm breiten Tonpapierstreifen und einen roten Tonpapierkreis, 2 cm Ø, bereitlegen. Die einzelnen Teile eventuell der Größe des Froschkörpers (Farbabdruck) anpassen.

2. Den Papierbogen erneut zusammenfalten. Mit der Handfläche darüberstreichen, bis sich die Farben gleichmäßig verteilt haben, und wieder öffnen. Nach dem Trocknen eine Hälfte des Farbabdrucks an der Außenkante entlang ausschneiden und als Froschkörper verwenden.

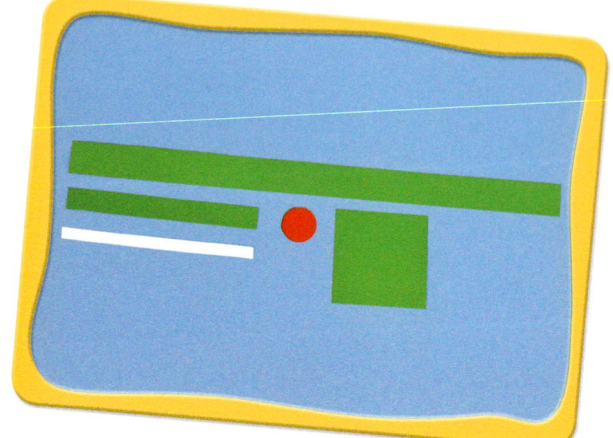

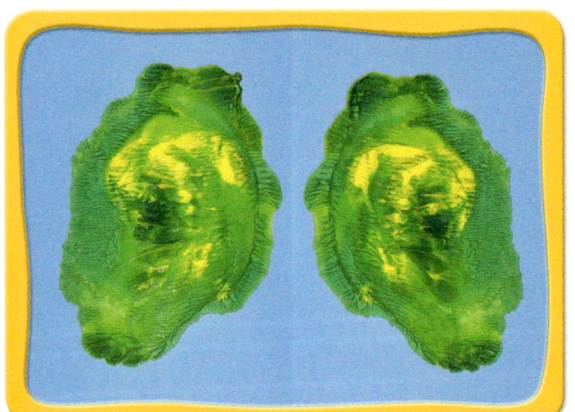

4. Für die Augen vom schmalen hellgrünen Streifen und vom weißen Streifen je zwei Stücke abschneiden. Den Kreis halbieren und eine Hälfte als Mund verwenden. Die Ecken des hellgrünen Quadrats rund schneiden (Kopf). Den langen grünen Streifen in vier Teile schneiden, von zwei Teilen die Ecken einer Seite abschneiden (Arme), die beiden anderen Teile als Beine verwenden.

5. Die Augen und den Mund auf den Kopf kleben. Je zwei schwarze Locherpunkte als Pupillen und Nasenlöcher anbringen.

6. Den Kopf auf den Froschkörper kleben, die Arme und Beine von hinten am Froschkörper mit Klebstoff fixieren.

Zauberfee

So gehts:

1. Das Laternenpapier in der Mitte falten und wieder öffnen. Die Farben direkt aus der Flasche zu einem Streifen auf eine Hälfte des Papiers tropfen lassen.

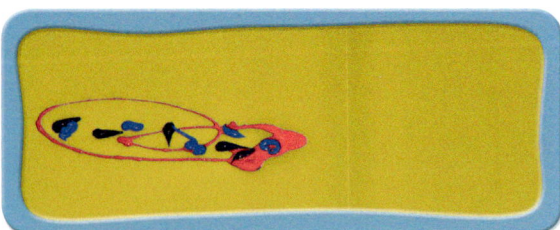

2. Das Papier erneut zusammenfalten. Mit der Handfläche darüberstreichen, bis sich die Farben gleichmäßig verteilt haben, und wieder öffnen. Nach dem Trocknen beide Farbabdrücke an der Außenkante entlang ausschneiden und als Feenflügel verwenden.

3. Aus dem glitzerfarbenen Tonpapier einen Streifen, 15 x 2,5 cm, einen 1,5 cm breiten Streifen sowie einen Kreis, 3,5 cm Ø, anfertigen. Aus dem lilafarbenen Tonpapier einen Streifen, 20 x 2,5 cm, und einen Kreis, 4 cm Ø, vorbereiten. Ein beigefarbenes Quadrat, 10 x 10 cm, und ein rosafarbenes Quadrat, 20 x 20 cm, zuschneiden. Außerdem einen rosafarbenen Kreis, 3,5 cm Ø, bereitlegen. Einen weißen Streifen, etwa 1,5 cm breit, zuschneiden.

4. Vom schmalen glitzerfarbenen Streifen einige Stücke abschneiden („Glitzerpunkte"). Für Arme und Beine die beiden 1,5 cm breiten Streifen halbieren. Vom weißen Streifen zwei Stücke abschneiden (Augen). Die drei Kreise halbieren. Die Ecken des beigefarbenen Quadrats rund abschneiden (Kopf). Das rosafarbene Quadrat zu einer Seite schmal zuschneiden (Kleid).

Du brauchst:
weißes, beiges, rosafarbenes, lilafarbenes, glitzerfarbenes und schwarzes Tonpapier, weißes Laternen- oder Drachenpapier, pinkfarbene, lilafarbene und hellblaue Fingerfarben, lilafarbene Märchenwolle, Schere, Klebstoff, Locher

5. Die Augen auf den Kopf kleben und mit je einem schwarzen Locherpunkt versehen. Einen weiteren Locherpunkt als Nase und eine Hälfte des rosafarbenen Kreises als Mund aufkleben. Die glitzerfarbenen Kreishälften als Hände an den Armen, die lilafarbenen Kreishälften als Füße an den Beinen mit Klebstoff anbringen. Die „Glitzerpunkte" auf das Kleid kleben.

6. Lilafarbene Märchenwolle als Haare auf den Kopf kleben und den Kopf auf dem Feenkörper anbringen. Arme und Beine von hinten am Körper befestigen, die Arme nach vorne umknicken. Zuletzt die Feenflügel von hinten an den Körper kleben.

Autorinnen

Eva Danner

Beate Vogel

Eva Danner und Beate Vogel sind erfahrene Erzieherinnen, die sich auf den Bereich der Kleinkinderziehung und -förderung spezialisiert haben. In einem Karlsruher Kindergarten betreuen sie seit ein paar Jahren eine Gruppe 2- bis 3-Jähriger. Außerdem veröffentlichen sie in der Reihe „Bausteine Kindergarten – Ideen für die Kleinsten" Sonderhefte mit Projektideen für die tägliche Arbeit mit den Jüngsten. Die Anregungen und Ideen in diesem Buch sind in der Praxis erprobt und am Ablauf des Kindergartenjahrs orientiert.

Impressum

© 2011 Christophorus Verlag GmbH & Co. KG, Freiburg
Alle Rechte vorbehalten

ISBN 978-3-8388-3366-8
Art-Nr. CV3366

Redaktion: Gisa Windhüfel, Freiburg
Fotos:
Roland Krieg, Waldkirch, Seiten 9, 21, 25, 27, 28, 31, 35, 37, 39, 41, 43, 45, 47, 53, 55, 61
Eva Danner, Beate Vogel, Seiten 8, 11, 13, 15, 17, 19, 23, 29, 33, 49, 51, 57, 59, 62
Arbeitsfotos: Eva Danner, Beate Vogel
Layout & Satz: GrafikwerkFreiburg
Covergestaltung: Yvonne Rangnitt, Bremen
Reproduktion: Meyle + Müller GmbH & Co. KG, Pforzheim
Druck & Verarbeitung: Offizin Andersen Nexö Leipzig GmbH